Fundamentos de Redes Informáticas

2ª Edición

Jonathan Rivera

Tabla de contenido

QUE ES LA RED

INTRODUCCIÓN

Trabajar en red evita redundancias, reduce al mínimo el tiempo de dedicación y facilita el intercambio de información. Estos son algunos de los muchos beneficios que una red informática puede proporcionar en un entorno de trabajo.

Para entender una red, necesitamos saber algunos conceptos, fundamentos y reglas globales, además de su implantación y funcionamiento.

Contenido del capítulo

☐ ¿Que es la red?

☐ Historia

☐ El modelo ISO / OSI

Objetivos

Entender el concepto básico de una red de ordenadores a partir de un pequeño histórico y conocer el modelo ISO /

OSI. El modelo ISO / OSI es la base para entender las redes de ordenadores, de los sistemas abiertos y de la interoperabilidad.

¿QUÉ ES UNA RED DE ORDENADORES?

Una red se compone de dos o más ordenadores conectados entre sí a través de cables de modo que puedan compartir recursos.

El problema de compartir recursos

En una oficina era común encontrar varios ordenadores (PC - Personal Computer), con sólo una impresora conectada a uno de ellos. En esta situación, era necesario escribir los datos en un disquete u otro soporte para llevarlos al PC con la impresora o desconectar el cable de la impresora de un ordenador y conectarlo al otro. Ambas soluciones tenían problemas operativos y generaban demoras.

UNA SOLUCIÓN LIMITADA

Fue desarrollado un dispositivo para compartir impresoras donde era posible conectar hasta 8 PCs y dos impresoras. A través de este sistema se establecía una conexión automática entre el PC que quería imprimir y la impresora que se mantenía hasta el final de la impresión.

Pero además de ser una solución limitada, estaba la necesidad de compartir otros recursos, como el escáner, lector de CD-ROM, módem, etc.

UNA SOLUCIÓN COMPLETA

La rede de ordenadores surgió como una solución para todas esas necesidades de compartir recursos, desde las impresoras a los más diversos periféricos, siendo solo necesaria la implementación de una interfaz de red.

UNA SOLUCIÓN MÁS QUE COMPLETA

La red de ordenadores, además de resolver el problema de compartir recursos, permitió también la creación de un mundo virtual en el que las personas se comunican, trabajan, comparten, intercambian información y mantienen lazos de amistad independientemente de la distancia física.

HISTORIA

A principios de los años 70, solo existían los grandes equipos que estaban en habitaciones aisladas. Esta época fue conocida como la era de los mainframes.

Una red consistía sólo en un terminal (teclado y vídeo) que eran compartidos por varios usuarios que sólo podían ver los datos de manera restrictiva por los programas que se ejecutaban en el ordenador. Además del acceso restringido, sólo las grandes empresas tenían una red de este tipo.

LA APARICIÓN DE LOS MINI ORDENADORES

En el año 1974, se extendieron los ordenadores más pequeños llamados mini ordenadores, permitiendo la descentralización del proceso de alimentación de datos e impresión de la información.

La tecnología comenzó a ser más accesible, sin embargo esos equipos trabajaban solo con actualizaciones por lotes, lo que caracterizaba a una red de procesamiento por lotes.

Con el tiempo se puso de manifiesto que este proceso no era el más eficaz para satisfacer las necesidades de una empresa, dando lugar a la duplicación de información, recursos y no favoreciendo la gestión de la red.

Los microordenadores extienden la informática al día a día de las personas

En los años 80 aparecieron los ordenadores PC (ordenador personal) con una especificación abierta, lo que permitía a los que querían la fabricación de ordenadores personales compatibles por lo que el precio se volvió accesible incluso para las personas físicas.

El PC era un equipo de uso individual, sin embargo utilizaba diferentes especificaciones de hardware y software. Estas diferencias causaron varias incompatibilidades, información redundante y volvió difícil la comunicación entre redes.

Luego vinieron las redes de área local (LAN), PCs conectados entre sí los unos a los otros, compartiendo periféricos y usando una tecnología común.

Cuando las redes LANS ya no eran lo suficientemente grandes surgieron las (MANs) como redes de larga distancia en un área metropolitana.

Actualmente contamos con Internet (www - World Wide Web) que es la red que más cerca está de la visión de una red global, creciendo día a día, tanto en términos de usuarios como en servicios.

EL MODELO ISO / OSI

LOS FABRICANTES SÓLO OFRECÍAN SISTEMAS PROPIETARIOS

A mediados de los años 70, había en el mercado unos

pocos fabricantes de ordenadores e IBM dominaba con sus mainframes y sus sistemas propietarios. La red de IBM sólo se conectaba a equipos de IBM; para que el producto de terceros pudiera conectarse a la red de IBM era necesaria la simulación de un equipo IBM.

Con la necesidad de descentralización del proceso surgieron como solución los mini ordenadores y más fabricantes entraron en el mercado. La conexión de estos mini ordenadores en red se hacía cada vez más necesario, pero cada fabricante tenía su solución propietaria y así se comunican entre sí. No había interoperabilidad entre los fabricantes.

LA EXIGENCIA DEL MERCADO – INTEROPERABILIDAD

Era necesaria la especificación de una norma de derecho por un organismo internacional de normalización. A principios de los años 80, la ISO (Organización Internacional de Normalización) puso en marcha el modelo de referencia OSI (Open System Interconnect) para la interoperabilidad entre sistemas. El gobierno de los EE.UU. emitió el GOSIP (Government Open System Interconection Profile), que especificaba que todas las compras informáticas del gobierno de Estados Unidos debían obedecer al modelo OSI, haciendo que los fabricantes desarrollaran productos en este modelo, proporcionando interoperabilidad entre fabricantes. Las especificaciones del modelo OSI son un estándar abierto, es decir, está disponible para todos los interesados.

EL MODELO ISO / OSI

El modelo en capas independientes

El modelo OSI define siete capas y cada una es responsable de un grupo de servicios.

Cada capa se comunica sólo con la siguiente capa inferior y superior de forma estandarizada, lo que permite la implementación independiente de los servicios en cada una de ellas. Las capas actúan como si se estuvieran comunicando con su capa asociada en el otro equipo. Un proveedor puede especializarse en un servicio de una capa e integrarla fácilmente con los servicios de las otras capas formando la solución necesaria.

Modelo ISO / OSI

Capa 1 – Física

Es la capa de más bajo nivel, la capa de nivel inferior. En ella se definen las especificaciones eléctricas, mecánicas y funcionales para activar, mantener y desactivar la conexión física entre dos ordenadores en red. Especifica las características físicas como el tipo de cable, la codificación de las señales, los conectores y las limitaciones de distancia y velocidad.

Es responsable de la transmisión de bits de un ordenador a otro a través de un medio físico, convirtiendo los bits en pulsos eléctricos u ópticos que pueden viajar en el cable de red.

Capa 2 – Enlace

Es la interfaz entre la capa física y la capa de red. Transforma los paquetes en tramas y coloca el Header o cabecera de enlace o viceversa. La cabecera contiene información para que los paquetes lleguen a su destino y sean restaurados los paquetes originales, además de definir las características de la red y del protocolo.

- La dirección física es cómo los equipos se abordan en la capa 2 - enlace.
- La topología de red es cómo los equipos están conectados físicamente por medio de un bus, estrella o anillo.
- La notificación de error alerta a las capas por encima de la ocurrencia de un error de transmisión.
- La secuencia de frames reordena los frames transmitidos fuera de la secuencia.

El control de flujo mantiene la transmisión en un nivel de tráfico que el receptor puede manejar.

Capa 3 – Red

Direcciona mensajes, traduce las direcciones lógicas y nombres en direcciones físicas. Ejecuta el enrutamiento, determinando cuál es la mejor ruta del equipo de origen al equipo de destino, sobre la base de las condiciones de la red, prioridad del servicio y otros factores.

Administra el tráfico de la red, mediante el control de los problemas de congestión de datos, transferencia de paquetes y problemas de enrutamiento. Cuando es necesario, rompe los segmentos de datos en paquetes más pequeños para transmitirlos por la red y los vuelve a ensamblar en los paquetes al llegar al destino.

Capa 4 – Transporte

Ofrece un servicio de transporte de datos confiable que es transparente para las capas superiores: sesión, presentación y aplicación.

Esta capa asegura que los datos entregados están libres de errores, en secuencia y sin pérdidas o duplicación. Recoloca los mensajes en segmentos, dividiendo los mensajes largos en varios segmentos más pequeños o agrupando mensajes pequeños en un segmento, para que se transmitan de manera eficiente por la red.

Capa 5 – Sesión

Establece, administra y termina las sesiones de comunicación, que consisten en peticiones y respuestas del servicio entre dos aplicaciones ubicadas en dos ordenadores conectados en red.

En el diálogo para establecer la sesión serán acordadas las características de comunicación como: que lado transmite, cuándo, durante cuánto tiempo y así sucesivamente.

Esta capa proporciona la sincronización de las tareas de los usuarios mediante la colocación de puntos de control de flujo de datos de modo que en caso de fallos de comunicación en la red, sólo los datos después del último punto de control tendrán que ser retransmitidos.

Capa 6 – Presentación

Proporciona las funciones de formato de los datos como el tipo de codificación y conversión de datos, incluida la compresión / descompresión y el cifrado / descifrado.

Los datos están representados por los formatos adecuados para cada tipo de datos o aplicación. Por eso tenemos varios formatos utilizados para el texto, imagen, sonido y vídeo que pueden ser convertidos conforme se transmiten de un ordenador a otro dentro de la red.

Ejemplo: tenemos ordenadores que funcionan con el sistema de representación de texto llamado EBCDIC y otros que trabajan con ASCII, esta capa hace la conversión de EBCDIC a ASCII y viceversa, según sea necesario. Lo mismo se aplica a los estándares de imagen gráfica como GIF (Graphics Interchange Format), JPEG (Joint Photographic Expert Group) y TIFF (Tagget Image File Format).

Capa 7 – Aplicación

Es la capa superior y actúa como una ventana para procesos de aplicación que acceden a los servicios de red. Representa los servicios de apoyo directo a la aplicación de usuario como los servicios de transferencia de archivos (FTP Protocolo de transferencia de archivos, FTAM de transferencia de archivos, acceso y gestión), el acceso a correo electrónico (SMTP Simple Mail Transfer Protocol) y otros servicios de red.

Esta capa proporciona a la aplicación, el acceso general a los servicios de red, lo que permite acceder a las funciones de comunicación, de control de flujo y recuperación de errores a nivel de aplicación.

RESUMEN

La red es la conexión de computadoras para compartir recursos y para vincular a los usuarios.

El modelo ISO / OSI es un modelo de referencia para la interoperabilidad de sistemas.

Define siete capas independientes, cada capa sólo se comunica con la capa superior e inferior y actúa como si se estuviera comunicando con la capa equivalente en otro sistema.

TIPOS DE COMUNICACIÓN

INTRODUCCIÓN

Además de los conceptos y fundamentos, hay aspectos que no pueden ser ignorados cuando pensamos en implantar una red. El estudio preliminar para implantar una red requiere el conocimiento acerca de los recursos que se pueden o no se pueden usar en la misma.

Contenido del capítulo

☐ Tipos de comunicación

☐ Formato de la información

☐ Topologías punto a punto o basada en servidor

☐ Protocolos

Objetivos

Este capítulo presenta las principales definiciones utilizadas en las redes de ordenadores.

Proporciona una visión de los tipos de comunicación, la nomenclatura de los datos, topologías, redes con o sin un servidor dedicado y la noción general de protocolos.

El modelo ISO / OSI es la base para entender las redes de computadoras, de los sistemas abiertos y de la interoperabilidad.

TIPOS DE COMUNICACIÓN

Conforme las características de comunicación entre los equipos podemos clasificarlos por:

- Modo
  - o Transmisión asíncrona
  - o Transmisión síncrona
- Transacción
  - o Half duplex
  - o Full duplex
- Técnica
- Baseband o de banda base
- Broadband o de banda ancha

Vamos a ver a continuación cómo funciona cada una de estas características.

MODO

Los caracteres se transmiten en forma de señales eléctricas de una cierta duración.

Tanto el equipo que transmite como el que recibe, tiene

un marcador (Timer) para determinar la duración de las señales y debe estar en sincronía. Conforme el modo en cómo es establecida la sincronía, tenemos:

- Transmisión asíncrona
- Transmisión síncrona

Transmisión asíncrona, donde la sincronía es establecida de forma individual para cada carácter a través de una señal de arranque de caracteres (inicio/start) y una señal de carácter final (parada/stop).

También se conoce como transmisión start/stop (arranque / parada). No es necesario para mantener el ritmo de transmisión.

Transmisión síncrona, donde la sincronía se establece en el comienzo de la transmisión del mensaje, a través de caracteres de sincronización. Es necesario mantener el ritmo de transmisión.

TRANSACCIÓN

La comunicación se produce desde el transmisor hacia el receptor conforme el modo de operación en la que ellos invierten su función, es decir, el transmisor se convierte en el receptor y viceversa, tenemos:

- Half duplex
- Full duplex

Half duplex donde se produce la comunicación en una dirección y después es revertida hacia la otra dirección. No siendo posible la comunicación en ambas direcciones simultáneamente.

Full duplex donde la comunicación se lleva a cabo en ambas direcciones simultáneamente. Ambos ordenadores transmiten y reciben al mismo tiempo, no siendo necesaria la inversión de la dirección de la transmisión.

TÉCNICA

¿Ha notado que en sólo un cable el sistema de televisión puede transmitir múltiples canales de programación?

Cada canal de programación es una señal diferente que es transportada por el cable.

Un cable es capaz de transportar varias señales simultáneas que llamamos capacidad de comunicación.

Conforme se utiliza esta capacidad de comunicación para la transmisión de datos, definimos dos técnicas:

- Baseband o de banda base
- Broadband o de banda ancha

Baseband o de banda base donde se utiliza toda la capacidad de comunicación del canal para transmitir una señal digital única. La señal hace uso de todo el ancho de banda disponible. Esta técnica se utiliza sobre todo en redes de área local (LAN).

Broadband o de banda ancha donde son transportados varios canales de información en un solo cable, pero la señal tiene que ser analógica. Las señales analógicas son continuas y discretas y fluyen en forma de ondas electromagnéticas u ópticas, mientras que la señal digital contiene sólo dos estados discretos. Las compañías de televisión utilizan esta técnica.

FORMATO DE INFORMACIÓN

Los datos que viajan por la red tienen una variedad de formas y son llamados por varios términos que, aunque no son sinónimos, se utilizan de forma no estándar en la literatura sobre el tema.

En general se utilizan los siguientes términos:

Mensaje: es una unidad de información que contiene las entidades de origen y destino por encima de la capa 3 - Red, a menudo en la capa 7 - Aplicación.

Segmento: es una unidad de información que contiene las entidades de origen y destino de la capa 4 -

Transporte.

Paquete: es una unidad de información que contiene las entidades de origen y destino de la capa 3 - Red.

Datagrama: es una unidad de información que contiene las entidades de origen y destino de la capa 3 - Red, y utiliza el servicio de red sin conexión.

Frame: es la unidad de información que contiene las entidades de origen y de destino de la capa 2 – Enlace.

Celda: es la unidad de información que contiene las entidades de origen y de destino de la capa 2 - Enlace, y posee un tamaño fijo siendo utilizado en entornos conmutados.

TOPOLOGÍAS

Es la forma en que los ordenadores están conectados en la red.

Mientras que las computadoras están conectadas a través de un medio físico, por lo general los cables, se definen las características básicas de cómo las señales deben ser transportadas y cómo se debe controlar este flujo.

Tenemos tres topologías básicas:

Troncal o bus

Anillo (ring)

Estrella (star)

BUS

Los ordenadores están conectados a la red mediante un cable formando un circuito común. El ordenador transmite las señales al cable y estas se propagan de la conexión del ordenador a los extremos del cable que deben tener un terminador. Si hay un problema en el cable, toda la red queda fuera de funcionamiento.

ANILLO

Las computadoras están conectadas a la red mediante un cable que forma un anillo, por lo que los extremos del cable deben estar conectados. El ordenador transmite las señales al cable que deben propagarse sólo en una dirección que pasa secuencialmente de un equipo a otro hasta el equipo de origen que cerrará la propagación de señales.

Si el cable se rompe en un punto se puede cambiar la dirección de propagación para seguir operando.

ESTRELLA

Las computadoras están conectadas a la red a través de varios cables que salen de un equipo central. Hay un cable para cada equipo. El ordenador transmite las señales al cable que se propaga hasta el equipo central que lo propaga por el cable de la computadora de destino. Si un cable se rompe sólo el equipo conectado a él queda fuera de la red.

Función del ordenador

Los equipos de la red pueden tener la función de cliente o servidor.

El ordenador es el cliente cuando utiliza cualquier recurso disponible en la red. El ordenador es el servidor cuando facilita recursos en la red.

Podemos clasificar las redes en:

- Punto a punto
- Basada en servidor

Las vamos a ver con más detalle.

Punto a punto

Viene de la palabra en Inglés Peer to Peer y se usa para describir una red en la que todos los equipos pueden tener la función de cliente o servidor. Cada equipo de la red tiene su autonomía y puede compartir los recursos que tiene, en este caso actúa como un servidor. También puede acceder a los recursos de otros equipos de la red, actuando como un cliente.

Basada en servidor

Se utiliza para describir una red que cuenta con equipos dedicados a tareas específicas. Inicialmente los servidores de red realizaban sólo las tareas de intercambio de datos y la impresora, permitiendo a sus clientes usar estos recursos, pero al ir surgiendo nuevas tareas como fax, la comunicación y la base de datos, resultó en que sólo un equipo no podía hacerse cargo de llevar a cabo todas las tareas.

Con esta evolución fue necesario dividir las tareas en varios ordenadores, apareciendo los servidores de archivos, impresión, comunicación y bases de datos.

PROTOCOLOS

Cuando queremos hablar con una persona a través del teléfono, seguimos una serie de procedimientos y normas. Tomamos el teléfono, esperamos el tono de marcar, marcamos el número de teléfono de la persona con la que nos queremos comunicar y esperamos la llamada. La persona coge el auricular del teléfono (en el caso de un teléfono fijo) y comienza la comunicación, cada uno habla y escucha a su debido tiempo.

Protocolo es la definición de estos procedimientos y normas para la comunicación entre dos ordenadores.

Cuando una capa de OSI en un ordenador quiere enviar datos a su capa adyacente en otro equipo, es necesario que los datos sean preparados y presentados de acuerdo con normas que los dos equipos puedan entender.

Así la condición básica es que los dos ordenadores estén utilizando el mismo protocolo.

Hay muchos protocolos. Cada protocolo tiene sus ventajas y limitaciones y son adecuados para una función o una situación particular.

La capa en la que un protocolo funciona describe sus funciones, pero para cada capa hay varios protocolos, ya que son adecuados para diferentes requisitos y condiciones. Por ejemplo, si el requisito es la garantía de entrega en los paquetes, se deberán utilizar únicamente los protocolos que implementan dicha garantía.

Varios protocolos pueden trabajar juntos siendo llamados pila de protocolos. Los niveles en la pila de protocolos se corresponden con las capas del modelo

OSI. Tomado como un todo, los protocolos describen todas las funciones de la pila. Las principales son: IBM SNA, Digital Decnet, TCP / IP, AppleTalk de Apple, etc.

COMO TRABAJAN LOS PROTOCOLOS

Cuando un equipo está enviando datos, estos se pasan a la pila de protocolos o protocolo que los convierte en el formato más apropiado para la transmisión en función de las características de la red.

Se incluirá información adicional denominada Header como la dirección, prioridad, tipo y demás información que será necesaria para que los datos sigan el camino hasta el equipo de destino.

El equipo de destino debe tener el mismo protocolo o pila de protocolos para la interpretación de la información adicional para restaurar los datos originales.

Todas las operaciones que se llevaron a cabo por el equipo que está enviando los datos serán realizadas por el equipo que recibe los datos, pero ahora en sentido inverso.

Para que la transmisión de datos suceda en la red, será necesario que el equipo que envía y el ordenador que recibe los datos cumplan sistemáticamente los mismos pasos, por lo tanto, deben tener las mismas capas y los mismos protocolos.

CLASIFICACIÓN DE LOS PROTOCOLOS

Hay protocolos en cada capa del modelo OSI realizando las funciones de comunicación de la red.

Se clasifican en tres niveles: Aplicación, Transporte y Red.

- Aplicación: capa 7 - Aplicación, 6 - Presentación, 5 – Sesión
- Transporte: capa 4 – Transporte
- Red: capas 3 - Red, 2 – Enlace

Protocolos de aplicación

Los protocolos de aplicación son los que trabajan en las tres capas superiores del modelo OSI (aplicación, presentación y sesión). Proporcionan la interacción de aplicación para aplicación y el intercambio de datos. Los protocolos más populares son:

1. APPC Advanced Program to Program Communication: para la comunicación par a par en IBM AS / 400.
2. FTP File Transfer Protocol: para la transferencia de archivos, ampliamente utilizado en Internet y Unix.
3. SNMP Simple Network Management Protocol: para el seguimiento y gestión de la red.

4. Telnet: para conectar un ordenador remoto a otro local siendo que el remoto puede ejecutar los mismos servicios que el local.
5. SMTP Simple Mail Transfer Protocol: para la transferencia de correo electrónico en Unix.
6. X.400: protocolo estándar OSI de transmisión de correo electrónico.
7. X.500: protocolo estándar OSI de servicio de directorio global · AppleShare: para compartir archivos en redes Macintosh.

Protocolos de transporte

Los protocolos de transporte aseguran el empaquetamiento y entrega segura de los datos. Los protocolos más populares son:

1. SPX Sequencial Packet Exchange: constituye una parte del grupo de protocolo de datos secuenciales IPX / SPX desarrollado por Novell para su sistema operativo Netware.
2. TCP Transmission Control Protocol: de la pila TCP / IP que realiza la entrega de los datos garantizada.
3. UDP User Datagram Protocol: de la pila TCP / IP que realiza la entrega de datos, pero sin la garantía de entrega de datos por no realizar la corrección de errores y control de flujo.
4. Nwlink: para la comunicación de datos entre entornos Windows y NetWare.

5. NetBEUI NetBIOS (NET-Network Basic/EUI-Extended User Interface/IOS-Input/Output System): para facilitar el servicio de transporte de datos en equipos que utilizan la interfaz NetBIOS. Es una interfaz para establecer nombres lógicos en la red, establecer sesiones entre dos nombres lógicos entre dos equipos de la red y apoyar la transferencia de datos entre los ordenadores.

Protocolos de red

Los protocolos de red controlan la información de direccionamiento y enrutamiento, establecen reglas de comunicación y realizan pruebas de errores y solicitudes de retransmisión. Los protocolos más populares son:

IPX Intenetwork Packet eXchange: realiza el encaminamiento de enrutamiento del paquete estándar IPX / SPX, desarrollado por Novell para su sistema operativo Netware.

IP Internet Protocol: de la pila TCP / IP para el encaminamiento y enrutamiento de paquetes, realiza el direccionamiento de la información de un ordenador a otro.

RESUMEN

La comunicación tiene tres tipos distintos: modo, transacción y técnica.

En cuanto al modo puede ser asíncrona y síncrona.

En cuanto a la transacción puede ser half duplex y full duplex.

En cuanto a la técnica puede ser baseband y broadband.

Los datos que se transfieren pueden ser mensaje, segmento, paquete, datagrama, frame o celda. Las principales topologías son bus, anillo y estrella.

Las redes pueden ser basadas en servidor o de igual a igual.

Los protocolos son los procedimientos y normas que rigen la comunicación y deben ser los mismos en ambos equipos que se están comunicando. Tenemos múltiples protocolos y de acuerdo con la capa de actuación tenemos los protocolos de aplicación, transporte o red.

MEDIOS FÍSICOS

INTRODUCCIÓN

Definida la topología, protocolos y tipos de comunicación de la red deseada, tenemos otro paso importante que son los recursos físicos para su funcionamiento.

Contenido del capítulo

Componentes y cableado estructurado:

☐ Medios físicos

☐ Tarjeta de red

☐ Cableamiento Estructurado

Objetivos

Conocer los principales medios físicos, cables y ondas electromagnéticas que se pueden utilizar para conectar ordenadores, sus características y limitaciones.

Principales características de una tarjeta LAN, tipos de tarjetas en función de los conectores y la función en el entorno físico.

Saber lo que es el cableado estructurado y la forma de organizar el sistema de cable para facilitar la instalación de nuevas estaciones y el mantenimiento de los cables.

MEDIOS FÍSICOS

Hay varios medios físicos que se pueden usar para conectar los ordenadores conectados en red.

Conforme las características del material y el tipo de cable, la señal puede ser transportada por una mayor o menor distancia y determina la longitud máxima del cable. El medio físico por sí mismo no determina la velocidad de transmisión, que se determina por el método de acceso especificado en la capa 2 del modelo ISO / OSI.

El medio físico puede no soportar la velocidad requerida y debe ser sustituido por uno que soporte la velocidad.

Vamos a estudiar los principales medios físicos:

- Cable coaxial
- Cable Par
- Fibra óptica
- Inalámbrica (ondas electromagnéticas)

Cable coaxial

Es un cable con núcleo de cobre cubierto por un aislante de PVC o teflón y con una capa de blindaje de malla de cobre o aluminio y, finalmente, un escudo exterior de plástico. Las señales viajan a través del núcleo del cable.

El PVC o teflón protege el cable evitando la ruptura. El blindaje de malla protege los datos mediante la absorción de señales electrónicas perdidas, llamadas ruido, para que no lleguen al núcleo y distorsionen los datos.

El cable coaxial también se utiliza en la televisión por cable y en varias conexiones de antena de televisión y también para conectar el televisor a la videograbadora.

En las redes se utilizan dos tipos de cable coaxial:

- Grueso (ThickNet)
- Fino (ThinNet)

Cable coaxial grueso (Thicknet)

Es relativamente rígido y difícil de manipular. El diámetro es aproximadamente de 1,25 cm. y pueden llevar una señal hasta 500 metros. La conexión es a través de un cable transmisor y conector AUI (Attachment Unit Interface) de 15 pines.

Cable coaxial fino (Thinnet)

Es flexible con alrededor de 0,63 cm. de espesor, y pueden llevar una señal por 185 metros. La conexión es a través de un conector BNC tipo T, un conector BNC hembra en cada extremo del T conectado al cable coaxial y un conector BNC macho en el adaptador LAN.

Par trenzado

Está formado por dos cables aislados de cobre trenzado y pueden ser blindados (STP) o sin blindaje (UTP). Este último es el más popular.

Un cable está formado por 2 o 4 pares de hilos agrupados y encerrados en un revestimiento protector. Lleva la señal por 100 metros.

La conexión es a través de un conector RJ45 macho en el cable y un conector hembra RJ45 en la tarjeta de la red.

Se dividen en categorías en función de su aplicación:

- Categoría 1 - se refiere al cable UTP para telefonía. Lleva sólo voz.
- Categoría 2 - certificado para transmitir hasta 4 MHz. Contiene 2 pares.
- Categoría 3 - certificado para transmitir hasta 10

MHz. Contiene 2 pares.

- Categoría 4 - certificado para transmitir hasta 16 MHz. Contiene 4 pares.
- Categoría 5 - certificado para transmitir hasta 100 MHz. Contiene 4 pares.
- Categoría 5e - certificado para transmitir hasta 100 MHz. Contiene 4 pares.
- Categoría 6e - certificado para transmitir hasta 250 MHz. Contiene 4 pares.

Fibra óptica

Es un filamento de vidrio recubierto con una sustancia con índices de refracción más bajos que hacen que los rayos se reflejen internamente, minimizando de ese modo las pérdidas de transmisión. Están cubiertos con una capa de plástico de refuerzo.

Cada filamento de vidrio puede llevar la señal en una sola dirección, por lo que un cable se compone de dos fibras ópticas que están recubiertas con plástico y con fibras de Kevlar entre ellas para dar firmeza al cable.

Hay dos tipos de fibra óptica:

Multimodo - utiliza un LED como fuente de luz que es de menor coste. El filamento es de 62,5 micras o 50 micras de diámetro. Transporta la señal durante 2 Km. a velocidad de 100 Mbps y por 550 metros a velocidad de 1 Gbps.

Monomodo - utiliza el láser como fuente de luz. El filamento es más delgado de aproximadamente 10 micrómetros de diámetro. Lleva la señal durante 5 Km. a velocidad de 1 Gbps.

Comunicación inalámbrica

Las ondas electromagnéticas tienen la propiedad de transportar informaciones a través del aire y son ampliamente utilizadas para la transmisión de radio AM / FM, televisión, radio aficionado y, más recientemente, para el teléfono móvil.

La frecuencia se mide en hertzios, donde 1 Hz es igual a un ciclo por segundo. Puede variar desde menos de 1 Hz a más de 1.000.000.000.000.000.000 Hz. Está dividida en bandas de frecuencias para ciertos usos.

Ejemplo: la transmisión de radio AM utiliza un rango de frecuencias de 550 a 1650 KHz, mientras que la radio FM utiliza de 88 a 108 MHz.

Para utilizar una determinada frecuencia es necesario tener la licencia necesaria por la Agencia del Gobierno del país, pero ya se han definido previamente las bandas de frecuencia y su posible utilización en todo el mundo. También fueron definidas franjas de utilización libre, pero no pueden generar interferencias en las bandas con licencia.

Actualmente la gama de frecuencias más utilizado para las redes es entre 2.4 y 2.5 GHz, que no requieren de licencia. Para minimizar la posibilidad de generar interferencias, se aplica una potencia baja, menos de 1 vatio, lo que limita la capacidad de llevar la señal de 10 a 100 metros, dependiendo de las paredes y otros obstáculos.

TARJETA DE RED

Para conectar un ordenador al cable de red se creó una interfaz llamada tarjeta de red con la función de entender los datos procedentes de los ordenadores y convertirlos en señales para ser transportados por el entorno físico y también el proceso inverso, entender las señales del entorno físico y convertirlas en datos. Controlando el flujo de datos entre el ordenador y el entorno físico.

En términos más técnicos, realiza las funciones de enlace de control del vínculo lógico y de control de acceso al medio (función de la capa 2 - Enlace del modelo OSI).

Además de la función de interfaz de datos, la tarjeta de red informa de su identificación en la red para distinguirla de todas las demás tarjetas de red.

Para ello, cada tarjeta tiene una identificación física y fija de 12 caracteres que no deben repetirse en cualquier otra tarjeta.

Cada fabricante recibe un código de 6 caracteres y los otros 6 restantes son utilizados secuencialmente de manera que no haya duplicidad de identificación.

El organismo que proporciona el código para el fabricante es el IEEE (Instituto de Ingenieros Eléctricos y Electrónicos). Esta identificación se utiliza como la dirección de destino en la capa física y se conoce como dirección MAC.

Por ejemplo, si una tarjeta tiene la dirección MAC 00:AA:00:00:07:F0 es fabricada por Intel.

La tarjeta de red antes de transmitir los datos, conversa a través de un script predeterminado para que ambos informen de sus parámetros, tales como:

- velocidad de transmisión de datos;
- tamaño máximo de los grupos de datos;
- intervalo de tiempo entre el envío de partes de los datos;

- tiempo de espera para la confirmación ser enviada.

Para que las dos tarjetas ajusten sus parámetros para una mejor comunicación entre ellas.

Configuraciones

Como cualquier otro dispositivo que es conectado al ordenador, la tarjeta de red debe ser configurada para identificar sus recursos.

Existen tarjetas que son configuradas físicamente a través de pequeñas teclas o jumpers, y más recientemente otras en las que la configuración es realizada por medio de un programa.

Si el sistema operativo y la tarjeta de red tiene soporte PnP (Plug and Play), la configuración será automática. Los recursos que se pueden configurar son:

Interrupción: la tarjeta de red envía una solicitud a la computadora mediante una interrupción (IRQ). Cada dispositivo de la computadora debe utilizar un IRQ diferente y la tarjeta de red normalmente utiliza IRQ5 o IRQ3, pero si ya están siendo utilizados por otro dispositivo verificará lo que esté disponible entre la IRQ2 y IRQ15. Es mejor que la IRQ sea la misma en todas las tarjetas de red de la empresa.

Puerta I / O - Entrada / Salida: especifica un canal por

el que fluye la información entre la tarjeta de red y la CPU. Normalmente se utiliza el puerto 300 a 30F o 310 a 31F. También es mejor que sea el mismo puerto en todas las tarjetas de red de la empresa.

Dirección base de memoria: especifica la dirección de memoria RAM del equipo que se utilizará como un área de buffer para la tarjeta de red. Normalmente es utilizada la dirección D8000, sólo debe ser configurado si la tarjeta utiliza este recurso.

DMA (Direct Memory Access): especifica el canal DMA que será utilizado por el adaptador de red para permitir el acceso directo de los datos directamente en la memoria del ordenador sin utilizar la CPU. Sólo debe ser configurado si la tarjeta de red implementa esta característica.

Conexión a un ordenador

- Bus: es instalado en el bus a través de los slots de conexión de dispositivos. Los principales son:
- ISA Industry Standard Architeture: fue el estándar inicial de bus para la arquitectura PC y permitía el tráfico paralelo de 8 o 16 bits. Actualmente hay PCs sin este bus ISA.
- EISA Extended Standard Architetura: lanzado en 1998, aumentó el bus a 32 bits, al tiempo que mantenía la compatibilidad con la arquitectura ISA.

- PCI Peripheral Component Interconnect: es un bus de 32 o 64 bits que se utiliza en la mayoría de los ordenadores Pentium. Cumple con los requisitos para proporcionar funcionalidad Plug and Play. El objetivo del Plug and Play es posibilitar los cambios en la configuración de un PC sin necesidad de la intervención del usuario, siendo la instalación de cualquier dispositivo simple y a prueba de errores.
- PC-Card: es un bus de 32 bits que permite la conexión de dispositivos en formato de tarjeta de crédito. Es ampliamente utilizado en ordenadores portátiles.
- Placa madre, la tarjeta de red es montada sobre la placa madre del ordenador. Por lo general, tiene un jumper para desactivar la función de red si las funciones disponibles no se ajustan a las necesidades del usuario.

Conexión al medio físico

- Para cable coaxial delgado utilice el conector BNC
- Para cable coaxial grueso utilice el conector AUI
- Para cable UTP utilice el conector RJ45
- Para fibra óptica utilice conectores SC, ST y MT-RJ
- Para inalámbrico se dota de antena propia.

CABLEADO ESTRUCTURADO

Problema

Cuando instalamos una red local, el cableado es instalado de acuerdo con las necesidades del momento.

Pero con el tiempo, las alteraciones son necesarias, o bien por el aumento del número de estaciones o el cambio de las estaciones de un lugar a otro. En ambos casos, es necesario el paso de nuevos cables, causando problemas porque el camino para el paso de cables tiene varios obstáculos, tales como conductores llenos o de difícil acceso. Por lo tanto el proceso requiere mucho tiempo y es propenso al fracaso, afectando incluso a las estaciones que aparentemente no estaban involucradas en los cambios.

Además, cuando no es el cambio físico de los departamentos de una empresa, el cableado dejado para un departamento no es aprovechado por el otro, teniendo que ser completamente remodelada.

Solución

Para facilitar las alteraciones en el cableado de una red local o incluso la reutilización de cableado en la instalación de una nueva red local fueron definidas las normas denominadas Sistema de Cableado Estructurado con los siguientes objetivos principales:

- Definir un sistema de cables para satisfacer tanto la red telefónica y la red de datos;
- Minimizar el coste de la administración;
- Simplificar el mantenimiento tanto para la inclusión como para la modificación de la ubicación física de las estaciones;
- Permitir la fácil adaptación para una nueva red local;
- Definir normas de instalación de los componentes para garantizar los servicios.

El sistema de cableado estructurado define 4 elementos principales:

- Sala de comunicación: es donde se concentran todos los equipos y cables de red.
- Área de trabajo: es el local donde está instalada la estación de red y debe tener el punto de red y de telefonía.
- Cableado horizontal: es la conexión de la sala de comunicación al Área Trabajo.
- Cableado Backbone: es la conexión entre las salas de comunicación.

Sala de Comunicación

Consiste en un espacio físico donde están instalados los equipos de red (hub, switch, etc.) que deben ser instalados en racks (estructura metálica para acomodar los equipos apilados).

También contiene los patch-panel (también instalados en rack), que son paneles donde son ligados los cables procedentes de las estaciones. La conexión de los match panels para el hub/switch es a través de un patch cord (un trozo de cable flexible con un conector RJ45 en cada extremo), de modo que en caso de desgaste por el manejo puede ser reemplazado fácilmente, se recomienda tener algunos cables adicionales.

A través de la manipulación de los patch cord se puede cambiar el diseño lógico de la red mediante la desconexión de uno de los extremos del patch cord de un puerto del hub/switch y conectarlo a otro puerto en otro hub/switch.

CABLEADO HORIZONTAL

Se compone de tres segmentos de cable: el patch cord, el cable horizontal y el cable de la estación.

El patch cord conecta el patch panel al equipo de red hub/switch. El tamaño máximo es de 5 metros.

El cable horizontal de link conecta el patch panel a la toma del Área de Trabajo y una vez instalado no debe ser manipulado y todas las alteraciones se deben hacer por el manejo de los cables de las estaciones y cable de conexión. El tamaño máximo es de 90 metros. El cable de la estación es el que conecta la conexión del Área de Trabajo a la tarjeta de red. El tamaño máximo es de 5 metros.

Área de Trabajo

Es el espacio delimitado para la instalación de la red de estaciones y que permite su utilización por un usuario.

Para facilitar las alteraciones en el lay-out, definimos una malla de cables que cumpla una serie de áreas de trabajo de acuerdo con el tamaño pre-establecido.

Ejemplo: si tenemos un espacio de 900 metros cuadrados y establecemos el tamaño de 9 metros cuadrados para cada área de trabajo, la malla de cables puede atender hasta 100 Áreas de trabajo con una toma para el teléfono y otra para la red, independientemente del lay-out.

CABLEADO BACKBONE

Consta de cables para la conexión de las Salas de Comunicación que pueden estar en diferentes plantas de un edificio o en la misma planta debido a las limitaciones de longitud del cable.

Cuando la distancia entre las salas de comunicación es inferior a 100 metros y el pasaje está libre de ruidos e interferencias utilizamos el cable UTP por ser de menor coste, pero si la distancia es mayor o hay ruido o interferencias la mejor solución es la fibra óptica.

RESUMEN

Los principales cables utilizados son: cable coaxial, cable de par trenzado, fibra óptica e inalámbrica (ondas electromagnéticas).

La tarjeta de red LAN es la interfaz que convierte los datos digitales del ordenador en señales eléctricas que son llevadas por el cable. Puede ser instalada en el bus ISA, PCI, PC-Card o venir montado en la placa madre de la computadora.

El Cableado Estructurado es una serie de procedimientos y normas para estandarizar y asegurar el sistema de cableado, tanto en las especificaciones técnicas de los componentes como la ejecución de la instalación de los servicios de instalación en las pruebas de certificación.

EQUIPAMIENTO

INTRODUCCIÓN

En pocas palabras y de una manera sencilla podemos decir que una red es un conjunto de equipos que se comunican entre sí, entonces podemos imaginar que se necesitan recursos para habilitar esta comunicación.

Contenido del capítulo

Equipamiento:

☐ Estación de red

☐ Servidor de red

☐ Sistema operativo

☐ Hub

☐ Repetidor

☐ Bridge (puente)

☐ Router

☐ Switch

☐ Gateway

Objetivos

Conocer el equipo que se utiliza en una red local.

Tanto los equipamientos como las estaciones, servidores y el sistema operativo de red, así como los equipos utilizados para extender la red como repetidores, puentes, enrutadores y puertas de enlace.

También veremos el equipamiento para la implementación de redes locales como el hub y el switch.

Estación de red

Actualmente, casi todos los equipos se pueden conectar a una red. La mayoría de las estaciones de red son PCs desktop en su configuración más común.

Aunque el PC se puede configurar para satisfacer las necesidades de cada cliente, los proveedores definen una configuración estándar que cumpla con una gran mayoría de los clientes, lo cual está disponible para solicitar la entrega rápida en los grandes almacenes y en los anuncios. Esta configuración estándar también cumple con los requisitos para una estación de red para la automatización de la oficina, por supuesto, esta configuración estándar debe incluir la tarjeta de red.

El usuario debe configurar la estación conforme los requisitos de las aplicaciones que va a utilizar, teniendo en cuenta que el rendimiento de la estación dependerá también de la actuación de los otros recursos implicados en la red a la que está conectado.

Los notebooks si necesitan movilidad interna en la oficina deben utilizar las conexiones inalámbricas.

Servidores

Los servidores de red son ordenadores dedicados a proporcionar recursos a las estaciones. Aunque un PC de escritorio puede ser capaz de realizar la función de un servidor, no proporciona la fiabilidad necesaria para garantizar el funcionamiento de la red.

Un equipo diseñado para la función de servidor utiliza componentes con menor índice de errores, la memoria utilizada en un PC de escritorio muestra un error de acceso cada 5 años y la memoria utilizada en el servidor muestra un error de acceso cada 80 años.

Las principales características de un servidor son:

- Gabinete que permite expansión de discos (mínimo 6).
- Arquitectura de multiprocesamiento escalable: es

configurado con una CPU y conforme la necesidad de procesamiento permite la instalación de más CPUs.

- Alta disponibilidad con redundancia de los dispositivos críticos: todos los dispositivos tienen muy bajos niveles de error y los más críticos están por duplicado de modo que en caso de error de uno el otro se hace cargo.
- Herramienta de diagnóstico y mantenimiento hot swap: es efectuado un diagnóstico permanente de la situación de los dispositivos, emitiendo alarmas de los posibles de fallos.

Para el mantenimiento de algunos dispositivos no es necesario apagar el servidor, podemos cambiar un disco con el servidor vinculado.

Servidores

Para entornos de gran concentración de servidores como los data center y de servidores web donde el espacio y la escalabilidad son muy importantes, podemos utilizar en tecnología de servidores de 1U (aproximadamente 4 cm.) para montaje en rack estándar.

En esta solución consideramos que los discos de datos estarán en un armario separado, y dos discos en el servidor para el sistema operativo.

Sistema Operativo de Redes

El sistema operativo se ha desarrollado para facilitar la comunicación entre el ser humano y el ordenador y estandarizar la interfaz entre el software, aplicaciones y dispositivos, lo que permite que el cambio de una impresora no afecte al software, es decir, el software de la aplicación emite el comando de impresión y pasa los datos al sistema operativo. Tiene el controlador/driver (software que interpreta los comandos y convierte los datos para el dispositivo) que envía el comando y los datos que son reconocidos por la impresora. Al cambiar la impresora, sólo es necesaria la instalación del nuevo controlador.

Para satisfacer la petición de red, fue añadido un software de red denominado Redireccionador en el sistema operativo.

Cuando el software de aplicación emite una orden para el sistema operativo, el redireccionador recibe la orden y comprueba si el dispositivo está en el equipo y, si esta, simplemente pasa para el sistema operativo. De lo contrario, utiliza los servicios de comunicación para enviar el comando al dispositivo remoto.

Hub

En las redes que utilizan cable UTP es necesario

adoptar un equipamiento central llamado Hub, que concentra todos los cables UTP, convirtiendo una topología de bus lógica en una estrella física.

El hub tiene múltiples puertos donde se conectan los cables procedentes de la estación de trabajo y si verifica que hay algún problema en la conexión de un puerto, este es aislado de tal manera que no afecte a los demás. La estación envía la señal al hub que la amplifica y propaga por todos los demás. El ancho de banda es compartido por todos los puertos. Si el ancho de banda es de 10 Mbps, este es compartido entre todas las estaciones, es decir, todos transmiten a 10 Mbps, pero apenas uno puede transmitir a la vez.

Básicamente hay dos tipos de hubs:

Stackable: consiste en un dispositivo con un cierto número de puertos capaces de responder a este número de estaciones. En el caso de expansión, se compra más equipamiento y se añade mediante la conexión con el anterior, y la pila funciona como un solo equipo.

Repetidor: cuando usamos señales eléctricas para la transmisión digital a través de un medio físico, el mismo va debilitando y perdiendo sus características originales. Este fenómeno se llama atenuación, por eso la longitud del cable es limitada.

Cuando es necesario ampliar la red más allá de los límites impuestos por los medios físicos, podemos usar un dispositivo llamado repetidor. Este es conectado en el extremo del entorno físico que necesita ser ampliado y crea un nuevo segmento de red. La señal atenuada alcanza el repetidor y este regenera la señal y la envía al nuevo segmento.

Bridge (puente)

Cuando extendemos la red, creando nuevos segmentos mediante repetidores, aumentamos el tráfico de la red, porque si una estación del primer segmento envía un mensaje a otra estación en el mismo segmento, este mensaje es repetido por todos los segmentos, y esto disminuye el rendimiento de red por el exceso de tráfico inútil.

Para resolver este problema utilizamos un dispositivo llamado Bridge, que realiza las funciones del repetidor, pero cómo funciona en la capa 2 del modelo OSI, tiene acceso a la dirección MAC y sabe en qué segmento está la estación de destino. En el caso de que una estación del primer segmento envíe un mensaje a otra estación en el mismo segmento, el mensaje queda aislado en el segmento y no incrementa el tráfico de los otros segmentos.

El bridge inicialmente sólo examina paquetes y verifica la dirección MAC de origen y comprueba si esta dirección está en ese segmento de la red.

Cuando hay un paquete con esa dirección como destino el ya sabe que no es necesario pasarlo al siguiente segmento. Mientras que él no sabe en que segmento está la dirección de destino, el paquete pasa a través de todos los segmentos. Además de eso, el puente todavía mantiene la red como una sola red lógica formada por múltiples segmentos. Los paquetes de control que son transferidos a las estaciones del segmento pasan por todos los segmentos, incluso si no es necesario.

Router

Para evitar la difusión de los paquetes de control, utilizamos routers, que interconectan dos redes lógicas, que pueden ser de diferentes tipos y tecnologías. Trabajan en la capa 3 - Red de modelo OSI, teniendo acceso a la dirección de red. Cuenta con una tabla interna que le permite examinar la dirección de red y determinar la mejor manera de enviar el paquete.

El router es el equipamiento que permitió la creación de Internet, pues en la instalación no es necesario configurarlo manualmente indicando la topología de red y las direcciones de red de los otros routers. A partir de una configuración mínima es capaz de auto configurarse a través de un lenguaje propio, creando una tabla de enrutamiento que es alterada dinámicamente. Si una ruta es cambiada o un nuevo router es instalado, los routers se comunican entre sí y actualizan automáticamente sus tablas de enrutamiento.

Las principales rutas de R1 a R8

ruta1 R1-R4-R8

ruta2 R1-R2-R6-R8

ruta3 R1-R3 R5-R7-R8

ruta4 R1-R4-R6-R8

ruta5 R1-R3-R4-R5-R8

Switch

Es un equipamiento similar al hub, pero tiene la característica de dedicar el ancho de banda para cada puerto, es decir, en una red de 10 Mbps de ancho de banda, el hub compartiría estos 10 Mbps para todas las estaciones. Por su parte el switch dedica los 10 Mbps para cada estación, convirtiendo la red en varios segmentos de 10 Mbps, ya que cada segmento es dedicado, uno no genera colisión con otro.

También permite la instalación de módulos, por lo general dos, con entorno físico y diferente velocidad. En un switch con 12 puertos de 10 Mbps para UTP podemos instalar dos módulos de 100 Mbps, uno para UTP y otro para fibra óptica.

En cuanto a los switch tenemos básicamente dos tipos:

Stackable: consiste en un dispositivo con un cierto número de puertos y en caso de necesidad de puertos adicionales podemos conseguir otro switch y vincularlo al anterior.

De chasis: consiste en un chasis con un bus de alta velocidad llamado backplane y módulos con puertos, siendo posible la utilización de los módulos para los diferentes medios físicos, coaxial, UTP, fibra óptica. Proporciona una mayor seguridad y fiabilidad. Utiliza el mismo chasis del Hub y podemos tener en un mismo chasis placas de Hub y Switches.

Switch

En cuanto al modelo OSI los switches pueden ser divididos en tres tipos:

Switch de nivel 2 que funciona en la capa 2 Enlace. Funciona como si fuese un puente con varios puertos. Comprueba sólo la dirección MAC.

Switch de nivel 3 que trabaja en la capa 3 Red. Comprueba la dirección de red, evita la propagación de tráfico de control innecesario, pero no tiene todas las funciones de enrutamiento de un router.

Switch de nivel 4 a 7 que funciona en capas por encima de la capa 3 Red. Tiene la capacidad de diferenciar los tipos de tráfico para dar prioridad a las aplicaciones críticas.

Gateway

Son servidores dedicados que llevan a cabo la comunicación entre dos sistemas de computación distintos, con diferentes protocolos de comunicación, diferentes arquitecturas de red, diferentes estructuras para los paquetes de datos, etc.

Un ejemplo de gateway es un servidor de SNA Server de Microsoft, cuya misión principal es la de conectar el entorno de red de microordenadores con el entorno de red de Mainframes IBM.

RESUMEN

Los equipamientos utilizados en una red local son:

Las estaciones que son utilizadas por los usuarios que

acceden a los recursos de red. Los servidores que hacen que los recursos estén disponibles en la red.

El sistema operativo que deja la red transparente para el usuario, para que no se preocupe si el recurso está localmente en el equipo o de forma remota a través de la red.

El hub que concentra los cables de las estaciones, compartiendo el ancho de banda y la creación de un bus lógico en una estrella física.

El repetidor que rehace la señal para ampliar la gama de cables.

Los bridges que además de ampliar el alcance de los cables, aíslan el tráfico interno del segmento, trabajando a nivel de la capa 2 - Enlace.

El router que trabaja a nivel de la capa 3 - Red y accede a la dirección de red para ejecutar el enrutamiento de los paquetes.

El switch que concentra los cables de las estaciones, pero dedica el ancho de banda para cada puerto. Tenemos switch que trabaja al nivel de la capa 2 enlace, capa 3 red y capas superiores de 4 a 7.

El gateway permite la comunicación entre ordenadores con diferentes sistemas.

DEFINICIÓN DE LAN

INTRODUCCIÓN

De acuerdo con el tamaño, las redes son conocidas como LAN (pequeña área geográfica), MAN (amplia área geográfica) o WAN (gran área geográfica). Hay órganos y reglas que definen estándares para los tipos de redes.

Contenido del capítulo

☐ Definición de LAN

☐ Estándar IEEE 802

☐ Capa 2 - Enlace x IEEE

☐ Tipos de LAN definidas en el IEEE 802

Objetivo

Conocer la definición de LAN y la relación con el modelo OSI y los estándares de la especificación del IEEE 802.

Conocer los tipos de red especificados por IEEE 802.

Definición

La LAN (Local Area Network) es una red con alta velocidad de transmisión y baja tasa de error que cubre una pequeña área geográfica. Por lo general, conectan las estaciones de trabajo, servidores e impresoras dentro de un bloque de construcción o edificio.

El estándar IEEE 802

La ISO creó el modelo OSI para regular la comunicación entre los ordenadores, pero sólo era un modelo de referencia para definir la arquitectura y las interfaces.

Fue necesaria la definición de las especificaciones técnicas para que los fabricantes pudieran implementar en sus productos, asegurando la compatibilidad y la interoperabilidad. Esas especificaciones quedaron a cargo del IEEE (Instituto de Ingenieros Eléctricos y Electrónicos).

Para realizar esta tarea, el IEEE creó el proyecto IEEE 802, que establece las normas para los dispositivos físicos de red (cables, tarjetas de red, e interfaces).

Fueron creados 12 comités para definir las normas y regularmente los cambios necesarios para incorporar las nuevas tecnologías.

- IEEE 802.1 – Interconexión de redes
- IEEE 802.2 - Control de enlace lógico
- IEEE 802.3 - LAN CSMA / CD (Ethernet)
- IEEE 802.4 - LAN bus token
- IEEE 802.5 - LAN Token Ring
- IEEE 802.6 - Redes Metropolitanas
- IEEE 802.7 – Grupo consultivo técnico de banda ancha
- IEEE 802.8 - Grupo consultivo técnico de fibra óptica
- IEEE 802.9 - Redes integradas de voz y datos
- IEEE 802.10 - Seguridad de red
- IEEE 802.11 - Redes inalámbricas
- IEEE 802.12 - Red de acceso de prioridad de demanda

Capa 2 - Enlace x IEEE 802

El IEEE divide la capa 2 - Enlace en dos sub-capas:

☐ MAC (Media Access Control).

☐ LLC (Logical Link Layer): gestiona la comunicación de enlace de datos y define el uso de puntos de interfaz lógica, llamados puntos de acceso al servicio (SAP). Otros equipos pueden ver y utilizar los SAPs para transferir información a partir de la subcapa

LLC para las capas superiores del modelo OSI. Ejemplo: dos protocolos de red pueden ejecutar simultáneamente al mismo tiempo en el mismo equipo, pues el LLC proporcionará a cada uno de ellos su propia SAP. Estos estándares están definidos por IEEE 802.2.

☐ MAC (Media Access Control): gestiona la comunicación entre el medio físico y la tarjeta de red, es responsable de la transferencia de datos sin errores entre dos equipos de red. Los IEEEs 802.3, 802.4, 802.5, 802.11 y 802.12 definen estándares para esta subcapa y para la capa 1 – Física.

IEEE 802.3

El estándar IEEE 802.3 se definió sobre la base de la red Ethernet desarrollada en el Centro de Investigación de Xerox en Palo Alto y en la actualidad los dos términos se utilizan para nombrar a la misma red.

Define una red en bus y utiliza el método de acceso probabilístico denominado CSMA / CD (Carrier Sense Multiple Access / Collision Detection).

Es el estándar más utilizado, por eso es el que tiene la mejor evolución, siguiendo las nuevas tecnologías, tanto en el entorno físico como en la velocidad.

IEEE 802.3 – Funcionamiento

Las estaciones están conectadas a un medio físico en topología de bus y todas pueden utilizar este medio físico para transmitir, pero como dicho acceso se reparte entre todas las estaciones, es necesaria la definición de las normas necesarias para este acceso. Este conjunto de reglas, se denomina método de acceso.

En IEEE 802.3 utilizamos el método de acceso CSMA/CD donde todas las estaciones están comprobando si hay mensajes en el medio físico y leen la dirección de destino de todos los mensajes, pero sólo leen los mensajes dirigidos a ellas. Cuando la estación quiere transmitir un mensaje, espera hasta que no hay ningún mensaje transmitido y envía su mensaje, pero puede ocurrir que dos estaciones transmitan al mismo tiempo, causando una colisión.

Las estaciones para transmitir siguen los siguientes procedimientos:

- Comprueba si hay un mensaje en el medio físico y si lo hay espera hasta que quede libre.
- Con el medio físico libre, transmite el mensaje. Durante la transmisión, sigue leyendo y comparando lo que transmitió con lo que leyó, si son iguales sigue transmitiendo, de lo contrario:
- Asume que hubo una colisión y detiene la transmisión.

- Envía una señal de colisión para notificar a las estaciones que ha habido colisión.
- Espera un tiempo aleatorio para volver al principio.

La regla no impide la colisión, sólo establece los procedimientos para la recuperación, por eso es un método probabilístico y considera que la ocurrencia de colisiones es pequeña.

Es necesario seguir la evolución del tráfico e índice de las colisiones para mantener la red operativa, sobre todo cuando se instalan nuevas estaciones o nuevos servicios.

IEEE 802.5

El estándar IEEE 802.5 define una red en anillo basada en la red Token Ring de IBM y utiliza el método de acceso determinista llamado Token passing (paso de testigo).

IEEE 802.5 – Funcionamiento

Las estaciones están conectadas a un medio físico en la topología de anillo y todas pueden utilizar este medio físico para transmitir, pero como dicho acceso es repartido entre todas las estaciones es necesaria la definición de normas para este acceso. Este conjunto de reglas, se llama método de acceso.

En IEEE 802.5 se utiliza el método de acceso Token Passing.

En el Token Passing, un mensaje especial llamado token libre, está circulando de una estación a otra. Cuando una estación quiere transmitir un mensaje tiene que esperar a la recepción del token libre. Cuando lo recibe, debe cambiarlo a testigo ocupado, adjuntar el mensaje y enviarlo. El mensaje con el token ocupado circula por el anillo y solamente la estación de destino lee el mensaje, que sigue circulando hasta la estación de origen que cambia el token ocupado para libre y lo envía para continuar circulando.

Este tipo de red se ha utilizado poco y sólo evolucionó de velocidad de 4 Mbps a 16 Mbps.

IEEE 802.4

El estándar IEEE 802.4 define una red en bus con el método de acceso token passing, más dirigido al entorno de una fábrica debido a las necesidades de GM.

La idea básica era transformar el bus físico en un anillo lógico. Cada estación de la red conoce a su sucesor en el anillo lógico, por lo que al recibir el testigo libre y no tener datos para transmitir, lo encamina a la siguiente estación.

Sólo esta estación que esta con el token puede transmitir, el resto sólo puede recibir, pero tiene un límite de tiempo y al final de este, tiene que parar la transmisión y pasar el token a la siguiente.

Prácticamente no se utilizó y no tiene evolución.

IEEE 802.4

El estándar IEEE 802.12 define una red en bus para la velocidad de 100Mbps basados en una red 100VG-AnyLAN HP.

En vez de usar CSMA/CD utiliza DPAM (Demand Priority Access Method).

El DPAM consta de dos niveles de petición por parte de los usuarios de la red. Cada mensaje debe contener una prioridad asignada por la capa de aplicación. La prioridad normal es para la transmisión de datos y la prioridad alta es para la transmisión de datos sensibles al tiempo tales como voz y vídeo.

El DPAM perdió el mercado para la solución 100BaseTx definido por IEEE 802.3 en su evolución para agregar más velocidad a la red.

IEEE 802.11

El estándar IEEE 802.11 define una red inalámbrica utilizando la tecnología de espectro en la frecuencia de 2,4 GHz.

Utiliza el método de acceso llamado CSMA/CA (Carrier Sense Multiple Acces/Collision Avoidance) es similar al CSMA/CD, pero al revés de detectar la colisión, trata de evitar cualquier colisión. Después de cada transmisión con o sin colisión, la red entra en un estado donde las estaciones sólo pueden empezar a transmitir en intervalos de tiempo ya preestablecidos.

Si todos los intervalos no se utilizan la red entra en el estado común de CSMA donde cualquier estación puede iniciar la transmisión.

El estándar actual es el IEEE802. 11b con una velocidad de 11 Mbps y por supuesto todos los fabricantes que adoptan esta norma tienen sus productos interoperables.

Podemos utilizar un Punto de Acceso Enterasys y otro Cisco y PC-Card Wireless de 3Com y otro de Avaya en la misma red inalámbrica que todos se comunicarán entre sí.

El estándar IEEE802. 11a ya fue especificado con la velocidad de 55Mbps con productos de trabajo en el laboratorio.

IEEE 802.11

Tiene los siguientes componentes:

- Punto de acceso: es el contenedor que forma la

célula de amplitud de la señal para la comunicación de las estaciones inalámbricas. También hace la conexión opcional a una red inalámbrica a través de un puerto RJ45 que se puede conectar a un puerto hub con el cable UTP.

- PC-Card inalámbrica: es el adaptador LAN para la ranura PC-Card de un Notebook. Tiene una pequeña antena para la comunicación con el punto de acceso. Permite la movilidad a 8 km. por hora (una persona que camina rápido), pasando de celda a celda en un proceso llamado roaming (similar al de la telefonía móvil).

- Adaptador inalámbrico: para la conexión de impresora de red (puerto RJ45) a la red inalámbrica.

RESUMEN

LAN es una red de alta velocidad que cubre un área limitada geográficamente.

El estándar IEEE 802 es la especificación técnica para la implementación de las capas 1 y 2 del modelo OSI. La capa 2 se divide en dos subcapas MAC y LLC.

Los estándares IEEE 802.3, IEEE 802.4, IEEE 802.5, IEEE 802.10 y IEEE 802.11 definen las especificaciones técnicas para la implementación de redes de área local.

El IEEE 802.3 define una red Ethernet de Digital, Intel y Xerox.

El IEEE 802.4 define una red Token Bus de GM.

El IEEE 802.5 define una red Token Ring de IBM.

El IEEE 802.10 define una red 100BaseVG Anylan de HP.

El IEEE 802.11 define una red inalámbrica.

EVOLUCIÓN DEL IEEE 802.3

INTRODUCCIÓN

El estándar IEEE 802.3 es el más ampliamente utilizado en el mercado y para seguir la evolución de la tecnología ha especificado diferentes tipos de cables con el fin de facilitar la instalación y el mantenimiento.

Contenido del capítulo

Evolución del IEEE 802.3

☐ Evolución a 10 Mbps

☐ Evolución a 100 Mbps

☐ Evolución a 1000 Mbps.

Objetivo

Conocer el estándar IEEE 802.3 y como ocurrieron los avances tecnológicos para lograr una mayor velocidad.

Los avances en la velocidad de transmisión nacen de la necesidad de un mayor rendimiento en base a la velocidad de 10 Mbps y alcanzando velocidades de 1000

Mbps.

Evolución del IEEE 802.3

El estándar IEEE 802.3 fue el más extendido en el mercado y por lo tanto fue evolucionando para satisfacer las necesidades de los usuarios, además de lo cual, se establecieron nuevas especificaciones para cumplir con las nuevas tecnologías, manteniendo sus especificaciones básicas.

La nomenclatura sigue el siguiente patrón: vvvv Base tttt donde:

- vvvv = velocidad en Mbps
- Base = Baseband
- tttt = tipo de cable o distancia dividido por 100

10Base5 define una red con una velocidad de 10 Mbps con la técnica de Baseband de 500 metros.

10BaseT define una red con una velocidad de 10 Mbps con la técnica de Baseband con par trenzado.

La evolución en los 10Mbps

El IEEE 802.3 definió como medio físico el cable coaxial grueso, que tenía características para atender a un buen número de estaciones a una buena distancia, pero la instalación y el mantenimiento eran difíciles.

Para facilitar la instalación se definió el cable coaxial fino, pero mantenía la dificultad de mantenimiento, debido a que un error en una conexión paralizaba toda la red. Para facilitar el mantenimiento se definió el par trenzado que cambió la topología física de bus a estrella, manteniendo el bus lógico.

Para extender la distancia de alcance se definió la fibra óptica utilizado para extender la red por encima del límite del par trenzado.

Contamos con las siguientes especificaciones principales para 10Mbps:

- 10Base5 - cable coaxial grueso
- 10Base2 - cable coaxial fino
- 10BaseT – cable UTP
- 10BaseFI - fibra óptica.

IEEE 802.3 10Base5

El estándar 10Base5 define una red 802.3 con una velocidad de 10 Mbps, utilizando la técnica de Baseband, y con la longitud del medio físico de 500 metros. Utiliza el cable coaxial grueso (ThickNet) y puede conectar hasta 100 estaciones por segmento de 500 metros.

El número máximo de segmentos es 5, por lo que la longitud máxima de la red es de 2.500 metros, pero sólo 3 de estos 5 segmentos pueden tener estaciones conectadas. Los segmentos están conectados por repetidores.

La estación es conectada a la red a través de un adaptador de red con conectores AUI de 15 clavijas, conectadas por el cable transceptor, utilizando también los conectores AUI.

El transceptor es conectado al cable grueso. En este tipo de red, cuando se produce un problema en cualquier conexión, toda la red para, por lo que la localización de la conexión con problemas es complicada.

IEEE 802.3 10Base2

La estándar 10Base2 define una red 802.3 que soporta una velocidad de 10 Mbps, utilizando la técnica de Baseband y con una longitud del medio físico de 185 metros.

Utiliza cable coaxial fino (Thinnet) y puede conectar hasta 30 estaciones por segmentos de 185 metros. El número máximo de segmentos es 5, por lo que la longitud máxima de la red es de 925 metros. Sólo 3 de estos 5 segmentos pueden tener estaciones conectadas. Los segmentos están conectados por repetidores.

La estación es conectad a la red a través de una tarjeta de red con conector BNC conectado al conector BNC T con cable coaxial fino ligado en los dos extremos del T.

Aunque sus características son más limitadas que 10Base5, tiene una mayor facilidad de instalación y mantenimiento siendo por lo tanto más utilizada, sin embargo una conexión con problemas paraliza toda la red.

IEEE 802.3 10BaseT

El estándar 10BaseT define una red 802.3 que soporta una velocidad de 10 Mbps, utilizando la técnica de Baseband con UTP (par trenzado sin blindaje) y con una longitud máxima de 100 metros. Utiliza un hub para cambiar la topología física de bus a estrella, manteniendo el bus lógico.

La estación es conectada a través de una tarjeta de red con conector hembra RJ45 conectado al hub mediante un cable UTP con conectores RJ45 macho. El hub cuenta con puertos con conectores hembra RJ45. El UTP recomendado es de Categoría 3 con dos pares, pero normalmente se instala con UTP de categoría 5, porque la diferencia del precio entre los cables es pequeña y el coste de cambio de todos los cables es grande, entonces es preferible instalar cables que permitan la evolución.

Aunque utiliza una mayor cantidad de cable y requiere de un hub, es más seguro porque si hay un problema en una conexión, las otras estaciones no se ven afectadas.

IEEE 802.3 10BaseFL

El estándar 10BaseFL define una red 802,3 que admite una velocidad de 10 Mbps, utilizando la técnica de Baseband con fibra óptica multimodo y la longitud máxima de 2.000 metros.

Era utilizado para conectar segmentos de redes distantes que no podían ser conectados con los otros medios físicos. No se utilizaban para la instalación de una red completa debido al alto coste de sus componentes.

Son utilizadas dos fibras ópticas con conectores ST, una fibra es para la transmisión y la otra para la recepción.

La evolución a 100 Mbps

En la evolución a la velocidad de 100 Mbps prácticamente no se utilizaba cable coaxial. La especificación fue desarrollada para UTP y fibra óptica, manteniendo el alcance para UTP en 100 metros, pero era necesario el uso de componentes de categoría 5 (cables, enchufes, etc.).

Fueron definidas especificaciones para utilizar cables de la categoría 3 como las especificaciones 10BaseT4 y 100BaseVG AnyLAN pero no fueron muy difundidas en el mercado por no ser una evolución y cambiar el método de acceso CSMA/CD.

Contamos con las siguientes especificaciones principales para 100 Mbps:

- 100BaseFx - fibra ótica
- 100BaseTx – UTP

IEEE 802.3 100BaseFx

El estándar 100BaseFx define una red 802.3 que soporta una velocidad de 100 Mbps, utilizando la técnica Baseband con cable UTP y la longitud máxima de 100 metros.

Es una evolución del estándar 10BaseT, manteniéndose las características, pero el cable recomendado es el de Categoría 5, que tiene 4 pares, y sólo dos pares se utilizan.

Actualmente la mayoría de las tarjetas de red incorpora estas dos velocidades 10/100 y cambian automáticamente de una velocidad a otra de acuerdo con las características de la conexión.

La evolución para 1000 Mbps

La evolución a 1000 Mbps o 1 Gbps se realizó para satisfacer la necesidad de mayor rendimiento entre las LAN o entre segmentos de red y en algunos casos para atender a servidores de alto rendimiento.

Fue por ello que se desarrollaron switches con pocos puertos (8 puertos) e inicialmente sólo con fibra óptica que era lo único que atendía la capacidad de transmisión de 1 Gbps, además de puertos adicionales en los switches de 100 Mbps para conectar hasta 8 switches 100 Mbps (con un máximo de 24 puertos) en un switch de 1 Gbps formando ocho segmentos.

Posteriormente, se definió el estándar para UTP que utiliza 4 pares para transmitir a velocidad de 250 Mbps en cada par, lo que resulta en 1000 Mbps acumulados.

Al lado, tenemos las siguientes especificaciones principales para 1000 Mbps:

- 1000BaseT – UTP
- 1000BaseLx - fibra óptica

IEEE 802.3 1000BaseT

El estándar 1000BaseT define una red 802.3 que soporta la velocidad 1000 Mbps o velocidad de 1 Gbps, utilizando la técnica Baseband con 4 pares UTP Categoría 5 y longitud máxima de 100 metros.

De hecho la velocidad de 1 Gbps se consigue a través de la utilización de 4 pares UTP, cada par transmite a la velocidad de 250 Mbps y el valor agregado alcanza los 1000 Mbps.

RESUMEN

El IEEE802.3 es el más utilizado en el mercado, principalmente porque se adaptó a las necesidades, permitiendo la utilización de cables diferentes para adaptarse a diferentes entornos.

Cuando la necesidad pasó a ser el rendimiento, permitió un aumento en la velocidad a razón de 10x, teniendo plenamente en cuenta la necesidad y mostrando la capacidad de evolución de la tecnología.

Además, todos los desarrollos coexisten en la misma red, lo que permite su adopción sólo en los segmentos necesarios.

WAN

INTRODUCCIÓN

Una red WAN afecta a una amplia zona geográfica, como por ejemplo varias ciudades. Implantar una WAN requiere el conocimiento de conceptos, reglas y definiciones que estudiaremos en este capítulo.

Contenido del capítulo

WAN - Wide Area Network

☐ Concepto

☐ Tipos de unión

☐ Equipamiento

☐ Servicios

Objetivos

Conceptualizar lo que es una WAN, los tipos de unión y las principales tecnologías utilizadas en los servicios prestados por las empresas de comunicación, tanto en baseband como en broadband (banda ancha).

Concepto

Una empresa que implementó una LAN en su oficina central, y después en filiales dispersas en varias ciudades y estados, siente la necesidad de conectar estas redes LAN. Las LAN se conectan a través de bridges, switches y routers que necesitan un entorno físico para el enlace.

Este entorno físico es proporcionado por los proveedores de servicios de comunicación, tales como la red telefónica que de forma general es conocida como Red Telefónica Pública (PSTN Public Switched Telephone Network), como ejemplo tenemos Telefónica, Telemig, Telegoias y otros distribuidores.

Tipos de conexión

Los proveedores de servicios ofrecen diversos servicios que se pueden dividir de acuerdo a la tecnología utilizada en los siguientes tipos de conexión principalmente:

- Líneas conmutadas.
- Líneas privadas.
- T1 y E1.
- Red de conmutación de circuitos.
- Red de conmutación de paquetes.

Línea conmutada

Es una línea telefónica de voz que utilizamos también

para la comunicación de datos. También se llama línea dial-up. Es una transmisión analógica, que necesita de un módem.

La operación es similar al uso del teléfono, marcamos el número de la línea que queremos conectar y es establecido el circuito para la comunicación. Como la red está formada con varios caminos entre los dos teléfonos, cada ruta del circuito es diferente y puede no tener la misma calidad.

La mayoría de los accesos a Internet son por una línea conmutada, pues el módem es barato y el sistema de facturación es el mismo que se utiliza para voz, se paga por el tiempo de uso de la línea en la misma factura de teléfono sin la discriminación de que se utilizó para voz o datos.

Línea privada

Es una línea telefónica que conecta dos ubicaciones fijas. También es una transmisión analógica, que necesita de un módem.

No hay necesidad de marcar y se paga una cuota mensual independientemente del tiempo de uso.

Tiene una mejor calidad y está indicado cuando la utilización es constante entre dos ubicaciones.

Para la comunicación entre varias localidades es necesaria una línea privada conectando cada dos ubicaciones. Si la localidad A se tiene que comunicar con las localidades B y C, es necesaria una línea privada entre A y B y otra entre A y C.

T1 y E1

T1 y E1 son líneas digitales para la transmisión entre dos puntos fijos. Consiste en una transmisión digital, que requiere del dispositivo CSU / DSU que convierte las señales digitales de la computadora en señales digitales para la comunicación.

T1 es el método estándar de interconexión de centrales telefónicas en los Estados Unidos y Japón. En los demás países se utiliza E1.

T1 utiliza pares de cables (un par para la transmisión y un par para recibir) para transmitir en Full Duplex a la velocidad de 1,544 Mbps.

Consta de 24 canales de 64 Kbps que agregados alcanzan la capacidad total de 1,544 Mbps.

Cada canal se puede utilizar por separado tanto para voz como para datos.

Las líneas T1 son caras, pero los suscriptores pueden suscribirse a uno o más canales de 64 Kbps de acuerdo a sus necesidades. No es necesario pagar por todo el ancho de banda de 4,544 Mbps.

Para conectar las líneas T1 es necesario: dispositivos CSU / DSU y un router / bridge. Para compartir datos y voz es necesario utilizar un multiplexor para que las señales fluyan en la misma línea T1.

E1 es un estándar de línea telefónica digital europea creada por el ITU-TS y el nombre especificado por la Conferencia Europea Postal de Telecomunicaciones (CEPT), siendo el estándar utilizado en Brasil y en Europa; es el equivalente al sistema T1 norte-americano. E1 tiene una velocidad de transferencia de 2 Mbps y puede ser dividido en 32 canales de 64 Kbps cada uno. La contratación de líneas E1 menores de 2 Mbps es conocido como "E1 fraccional".

Puede ser interconectado a T1 para uso internacional.

Sus variantes:

- E2: 8.448 Mbps.
- E3: 34,368 Mbps.
- E4: 139 264 Mbps.
- E5: 565,148 Mbps.
- DS3: 44.736 Mbps.

Red de conmutación de circuitos

Es una red digital en la que un circuito físico dedicado es establecido, mantenido y encerrado para cada sesión de comunicación.

Es una versión digital de la línea telefónica. La red es instalada y mantenida por una compañía telefónica, los usuarios tienen que firmar el servicio. El pago es realizado de acuerdo con el tiempo de utilización.

Red de conmutación de paquetes

Es una red digital con varias rutas que unen las localidades.

No se establece un circuito y los datos a ser transmitidos se dividen en varios paquetes que son marcados con la dirección de destino, siendo entonces enviados por separado a la red. Cada paquete sigue la mejor ruta disponible en el momento hasta el destino, donde se vuelven a agrupar para formar los datos originales.

La red es instalada y mantenida por una compañía telefónica, los usuarios tienen que suscribirse al servicio y se paga según el número de paquetes transmitidos.

Equipamiento

- MÓDEM
- CSU / ESD: Unidad de servicio de canal / unidad de servicio de datos
- Servidor de acceso
- Adaptador de terminales ISDN.

MÓDEM: MOdulador de señales digitales en analógicas y DEModulador de señales analógicas en digitales. Permite la transmisión de datos en líneas telefónicas de voz.

CSU / DSU: Unidad de servicio de canal / unidad de servicio de datos: es un dispositivo que convierte las señales digitales generadas en el equipo a señales digitales utilizadas en el entorno de la comunicación sincrónica.

Servidor de acceso: es un dispositivo que concentra la conexión de dial/in y dial/out. Recibe todas las uniones y sirve ejecutando la interfaz con la red telefónica y una red de ordenadores.

Adaptador de Terminal ISDN: es un dispositivo que hace la conexión entre el ISDN (BRI Basic Rate Interface) y una interfaz a un ordenador o terminal.

Servicios

Para la conexión de las redes WAN, es decir, la conexión remota entre redes o de una estación a una red, se puede utilizar una línea conmutada (telefónica para voz).

Las compañías ofrecen servicios especializados para este enlace, los principales servicios se basan en las tecnologías:

- X.25
- Frame Relay
- ISDN
- ATM
- ADSL
- Cable MÓDEM

X.25

Es un protocolo estándar de la UIT (Unión Internacional de Telecomunicaciones) para comunicaciones en WAN y se utiliza normalmente en redes conmutadas de paquetes de PSTN.

Define cómo se establecen y mantienen las conexiones entre los equipos de los usuarios y los equipos red.

Trabaja en las capas Física, Enlace y Red del modelo OSI y disciplina la comunicación entre los terminales y la red pública o privada. Utiliza la tecnología de conmutación de paquetes.

El X.25 define la interfaz DTE / DCE (Data Terminal Equipment / Data Communications Equipment) donde el DTE es un ordenador con interfaz X.25, un PAD (Packet Assembler / Disassembler) o un gateway a una LAN. El DCE es la red de datos pública (PDN Public Data Network).

Frame Relay

Es un protocolo de alto rendimiento para WAN que opera en capas Física y Enlace del modelo OSI.

Utiliza la tecnología de conmutación de paquetes. Permite que las estaciones dinámicamente dividan el entorno físico y el ancho de banda disponible.

Es a menudo descrito como una versión enjuta de X.25. Frame Relay define dos categorías generales de equipamientos:

- DTE (Data Terminal Equipament), que son los equipos que más comúnmente se encuentran en el entorno del usuario, tales como terminales, PCs y routers.
- DCE (Data Circuit-terminating Equipment) que son

los equipos de conmutación de la red y son propiedad de las PSTN. Estos que realmente transmiten los datos en la red.

ISDN – Integrated Services Digital Network

La Red Digital de Servicios Integrados o ISDN es una tecnología para digitalizar la red de telefonía, permitiendo la transmisión a través de cables telefónicos existentes de voz, datos, video y música. Permite aplicaciones de imagen, videoconferencias, transferencia de archivos a alta velocidad y otras aplicaciones que requieren velocidad y calidad en la transmisión de datos.

El ISDN define dos tipos de terminales: TE1 (terminal especializado ISDN) y TE2 (terminal no ISDN). El TE1 es conectado a través de un enlace de 4 pares. El TE2 es conectado a través de un ISDN TA (Terminal Adapter).

Necesita también de dos equipos más para la conexión con la red ISDN: el NT1 Network Type 1 que conecta los cuatro pares de hilos para los 2 pares convencionales y el NT2 que realiza las funciones de la capa de Enlace y Red del modelo OSI y la concentración de servicios.

Hay un dispositivo que realiza ambas funciones y se denomina NT1/2.

ATM Asynchronous Transfer Mode

ATM es una tecnología de comunicación basada en la conmutación de paquetes, lo que proporciona una alta velocidad de transmisión.

Funciona con paquetes de longitud fija con una pequeña cabecera que se llama la celda. La celda ATM contiene una cabecera de 5 bytes y 48 bytes de datos con tamaño total fijo de 53 bytes.

El hecho de trabajar con celdas de tamaño fijo facilita el procesamiento de los equipos de red para cambiar, rutear y mover las celdas. Utiliza buffers con eficiencia y reduce el trabajo necesario para procesar los datos que llegan al destino.

Además de trabajar en alta velocidad y hacer un uso eficiente del ancho de banda, permite el tráfico de diversos tipos de información, tales como; datos, voz, vídeo y audio con calidad de CD. Para ello, el ATM tiene 3 tipos de asignación de ancho de banda:

- CBR Constant Bit Rate: reserva una pista de la banda para asegurar el tráfico de voz y vídeo sin interrupciones.
- VBR Variable Bit Rate: utiliza un rango de ancho de banda que varía según la cantidad de datos. Propia de correo electrónico con multimedia.

- ABR Available Bit Rate: utiliza el rango de banda disponible de manera eficiente para la mayoría de las transmisiones de datos.

ATM Asynchronous Transfer Mode

El componente principal de una red ATM es el Switch ATM que ejecuta la conmutación y el enrutamiento de las celdas. Dos interfaces se definen:

- UNI User-Network Interface: que es la interfaz entre la estación del usuario y el switch ATM.
- NNI Network-Network Interface: que es la interfaz entre los switches ATM.

ADSL Asymmentric Digital Subscriber Line

El ADSL es una tecnología que utiliza el cable telefónico de voz para transportar datos, imágenes y video. Es un servicio de banda ancha (broadband).

El ADSL mantiene el canal de voz de la línea telefónica y crea dos canales más. Un canal de alta velocidad (256 Kbps a 8 Mbps) para downstream (transmisión del proveedor al usuario), otro canal de velocidad media (16 Kbps a 640 Kbps) para upstream (transmisión del usuario al proveedor). Como estos tres canales son independientes, podemos usar el teléfono al mismo tiempo que accedemos a Internet.

Varias compañías telefónicas ofrecen este servicio. Aunque utiliza la misma línea telefónica, el servicio no está disponible para todos los suscriptores, ya que está limitado a una distancia máxima de 5 km del abonado a la central telefónica, y para alcanzar las velocidades superiores, la distancia no debe exceder de 3 Km.

También está limitada por la calidad del cable telefónico utilizado. El usuario necesita una tarjeta de red en el equipo y debe alquilar el módem ADSL, firmar el servicio de la compañía telefónica y firmar con un proveedor habilitado para el servicio.

Cable MÓDEM

El cable módem es una tecnología que utiliza la red de televisión por cable para la transmisión de datos.

Esta red está compuesta de cable coaxial, fibra óptica o radio (inalámbrica). Modula los datos digitales del ordenador en señales analógicas para la red y demodula las señales analógicas recibidas de la red en datos digitales de la computadora.

Define la transmisión del proveedor para el usuario como downstream y transmite hasta 36 Mbps. Establece la transmisión del usuario para el proveedor como upstream y transmite hasta 2 Mbps.

De acuerdo con los sistemas de cables usados tenemos:

- Sistema one way: sólo admite downstream (transmisión del proveedor al usuario). El upstream debe utilizar el método convencional con línea telefónica y un módem.
- Sistema two way: tanto el upstream como el downstream son por el sistema de cables de la TV.

Cable módem

Para acceder a Internet, el usuario debe instalar un cable módem y un spliter, además de estar suscrito a un proveedor de banda ancha. El spliter recibe las señales de la red de televisión de pago y separa las señales de TV para el receptor de señales de televisión de pago y las señales de los datos al cable módem. El cable módem por lo general es externo y ya está conectado al ordenador a través de una tarjeta de red y el cable UTP. El usuario puede utilizar la transmisión de datos de forma simultánea con la programación de televisión de pago.

La compañía de televisión de pago debe tener un equipo denominado Cable Módem Termination System que concentra los canales y rutea los datos procedentes de los usuarios a la red y viceversa.

En el sistema de dos vías cada usuario utiliza dos

canales, uno para downstream y otro para upstream.

Cada canal es compartido por varios usuarios, por lo que el desempeño para cada usuario es variable en función de las condiciones de tráfico del sistema de TV por cable. TVA ofrece el servicio Ajato y NET el Virtua.

RESUMEN

WAN es una red físicamente distante, conectada a través de los enlaces proporcionados por las empresas de comunicación.

Podemos usar líneas conmutadas, líneas privadas, T1, red de paquetes o red de conmutación de circuitos. Los servicios prestados por las empresas se basan en las tecnologías principales:

X.25 - red de conmutación de paquetes, trabajando a nivel de la capa 3 - Red.

Frame-relay - conmutación de paquetes de red, pero cómo trabaja al nivel de la capa 2 - Enlace, son denominados frames.

RDSI - es una red de telefonía digital que permite el tráfico de voz, datos y video.

ATM - es una red de conmutación de paquetes, pero funciona con paquetes de longitud fija de 53 bytes llamados celdas. Permite el tráfico de voz, datos, video con priorización de tráfico.

ADSL - es una tecnología de banda ancha que utiliza la red de telefonía de voz para el tráfico de datos de forma simultánea, sin necesidad de marcación. La descarga es a la velocidad de hasta 8 Mbps y el upload hasta 640 Kbps. Pero los servicios se ofrecen a velocidades más bajas debido a la calidad del cable y la distancia.

Cable módem - es una tecnología de banda ancha para utilizar cables de televisión de pago para el tráfico de datos. La velocidad de descarga es de hasta 36 Mbps y la de subida de hasta 2 Mbps, pero los servicios son ofrecidos a velocidades más bajas, ya que trabajan con la tecnología de compartimiento entre los distintos abonados.

TCP / IP

INTRODUCCIÓN

La organización de una red, independientemente de su tamaño, es imprescindible para su buen funcionamiento y facilita el mantenimiento y la comprensión por parte de los profesionales involucrados.

La red puede ser subdividida y configurada de tal manera que satisfaga las necesidades y haga el máximo uso de los recursos disponibles y la velocidad disponible. Obedecer a algunos estándares mundiales se hace necesario para evitar conflictos de direccionamiento, entre otros problemas.

Contenido del capítulo

TCP / IP

☐ Concepto

☐ Dirección IP

☐ Sub-redes

Objetivos

Conceptualizar que es TCP / IP y entender el direccionamiento IP, subredes y máscaras.

TCP / IP (Transmission Control Protocol / Internet Protocol)

El TCP / IP es una pila de protocolos que se ha convertido en el estándar de hecho para la comunicación de diferentes equipos con sistemas Unix, Windows e incluso mainframes.

La estandarización del TCP / IP es publicada en una serie de documentos llamados RFC (Request For Comments). Los RFCs describen los trabajos realizado para normalizar Internet, algunos RFCs describen los servicios de redes o los protocolos y sus implementaciones, otros resumen las políticas de orden práctico de su utilización en el mundo de Internet.

El estándares TCP / IP no son desarrollados por un comité, sino por consenso. Cualquier persona puede presentar un documento para su publicación como un RFC.

Los documentos presentados son revisados por un técnico experto, una tarea o un editor de RFC, a través de la IAB (Internet Activities Board), que es la comisión competente para la aprobación de normas y gestionar el proceso de publicación.

Tiene dos grupos: El IRTF (Internet Research Task Force) responsable de la coordinación de todos los proyectos de investigación relacionados con TCP / IP y el IETF (Internet Engineering Task Force) que se ocupa de la resolución de problemas ocurridos en Internet.

EL TCP / IP Y EL MODELO ISO / OSI

El TCP / IP es organizado en 4 capas: capa de Interfaz de Red, Internet, Transporte y Aplicación.

La capa de Interfaz de Red es la capa inferior, equivalente a las capas Física y Enlace del modelo OSI, siendo responsable de colocar y retirar los datos en el medio físico.

La capa de Internet es la capa equivalente a la capa de Red del modelo OSI, siendo responsable del direccionamiento, el empaquetado y el enrutamiento de datos. Son definidos 3 protocolos:

- IP Internet Protocol: realiza el direccionamiento y enrutamiento de paquetes entre hosts y redes.
- ARP Adress Resolution Protocol: realiza la resolución de direcciones de hardware de hosts localizados en la misma red física para obtener la dirección del host de destino.

- ICMP Internet Control Message Protocol: envía mensajes e informa de los errores relacionados con la entrega de paquetes.

La capa de transporte es la capa equivalente a la capa de Transporte del modelo OSI, siendo responsable de la comunicación entre los dos hosts. Son definidos 2 protocolos:

- TCP Transmission Control Protocol: realiza la comunicación segura y confiable. Es adecuado para aplicaciones de transmiten grandes cantidades de datos de una vez o requieren confirmación para los datos recibidos.
- Proporciona el servicio de liberalización de paquetes orientado a la conexión, es decir, establece la conexión antes de transmitir.
- UDP User Datagram Protocol: realiza una comunicación sin conexión y no garantiza la entrega del paquete. Es adecuado para aplicaciones que transmiten pequeñas cantidades de datos de una sola vez. La aplicación debe tener rutinas de confirmación de recepción de los datos.

La capa de Aplicación es la capa equivalente a las capas de Sesión, Presentación y Aplicación del modelo OSI, siendo responsable del acceso de la aplicación a la red. Tiene dos tipos de interfaces:

- Sockets: ofrece una interfaz de programación de aplicaciones que es estandarizada para los diferentes sistemas operativos.
- NetBIOS: proporciona una interfaz de programación para los protocolos que soportan la convención de nombres NetBIOS para el direccionamiento.

DIRECCIÓN IP

El direccionamiento IP es un esquema para identificar un host TCP / IP, el término de host se refiere a cualquier parte de hardware que puede ser direccionada (por ejemplo: servidor, router). Un host TCP / IP dentro de una LAN es identificado por una dirección que debe ser única dentro de un formato estándar.

Una dirección IP es de 32 bits, compuesta de cuatro campos de 8 bits. Cada campo es separado por punto y puede representar un número decimal de 0 a 255. Ej.: 125.32.17.7 es una dirección IP.

01111101	00100000	00010001	00000111	en binario
125	32	17	7	en decimal

Una dirección IP se compone de dos partes:

- La dirección de red llamada Net Id: el Net Id identifica una determinada red o subred y todos los equipos de esta red deben tener el mismo Net Id.

- La dirección de host llamado Host Id: el Host Id identifica una estación, servidor o router dentro de una red, la dirección de cada host debe ser única dentro de la red.

DIRECCIÓN IP

La comunidad de Internet ha definido cinco clases de direcciones IP para dar cabida a las redes de diferentes tamaños.

Las cases de direcciones definen los campos utilizados para Net Id y Host Id y se clasifican en A, B, C, D y E. Sólo las tres primeras clases están disponibles para uso comercial.

Clase	Bits izq.	Formato	Tamaño organización	Menor dirección	Mayor dirección
A	0	R.H.H.H.	Grande	1.0.0.0	126.0.0.0
B	10	R.R.H.H.	Mediana	128.1.0.0	191.254.0.0
C	110	R.R.R.H.	Pequeña	192.0.1.0	223.255.254.0

R = Red

H= Host

Ejemplos:

Dirección 1.128.255.7

00000001.10000000.11111111.00000111 en binario

Bit izquierda = 0

Clase A

Net Id = 1

Host Id = 128.255.7

Dirección 190.250.7.127

10111110.11111010.00000111.01111111 en binario

Bits izquierda = 10

Clase B

Net Id = 62.250

Host Id = 7.127

Dirección 200.150.255.100

11001000.10010110.11111111.01100100 en binario

Bits izquierda = 110

Clase C

Net Id = 8.150.255

Host Id = 100

SUBREDES

En 1985 se definió un procedimiento estándar para dividir un número de red de las clases A, B o C en partes más pequeñas denominadas subredes, a través del RFC 950. El concepto de sub-red se introdujo para resolver dos problemas:

- La tabla de enrutamiento de Internet comenzaba a crecer.
- Los administradores locales tenían que solicitar otro número de red antes de instalar una nueva red en su sitio web.

La solución propuesta fue la de añadir un nivel en la estructura de enrutamiento, dividiendo el número del host en número de subred y número de host.

La subred reduce el crecimiento de la tabla de enrutamiento de Internet, ya que define que la estructura de subred no debe ser visible fuera de la organización.

El enrutamiento de Internet para cualquier subred de una dirección IP es el mismo, es decir, todas las subredes dentro de la organización están asociadas con una sola entrada en la tabla de enrutamiento de Internet.

La organización toma un número de red de direccionamiento IP e internamente divide en subredes que no son visibles fuera de la organización, por lo que el administrador local es libre de crear subredes, limitado por el intervalo disponible.

DIRECCIÓN DE SUBRED

Una red IP se puede dividir en sub-redes para aumentar la flexibilidad, un mejor uso de direcciones de red y capacitar el control de tráfico de broadcast (que no atraviesa un router).

Una subred está bajo la administración local y es vista por el mundo externo a la organización sólo como una única red, sin los detalles de la estructura interna de la organización.

Una dirección de red puede dividirse en muchas subredes. Por ejemplo: 132.7.32.0, 132.7.64.0, 132.7.96.0, 132.7.128.0, 132.7.160.0, 132.7.192.0 y 132.7.224.0 son todas las subredes de la red 130.5.0.0. (Si la dirección tiene el Host Id lleno de ceros, especifica toda la red)

¿Cómo podemos utilizar la clase C que tiene el formato RRRRRRRR RRRRRRRR RRRRRRRR HHHHHHHH?

1. Los "R" (Network Id) se transforman en 1 binario:
11111111 11111111 11111111 HHHHHHHH

2. De los 8 bits del Host Id, dos pueden ser utilizados para subredes: 11111111 11111111 11111111 ssHHHHHH

3. Los "s" (subred) se transforman en 1 binario:
11111111 11111111 11111111 11HHHHHH

4. Los "H" (Host Id) se transforman en 0 binario:
11111111 11111111 11111111 11000000

5. Convirtiendo a decimal tenemos la máscara de subred:
255. 255. 255. 192

EXTENDED NETWORK PREFIX LENGHT

Los estándares actuales que describen los protocolos de enrutamiento se refieren a Extended Network Prefix Lenght en lugar de la máscara de subred.

El prefix lenght es igual al número de unos contiguos en la máscara de subred. Es decir, la dirección de red 130.7.7.10 con la máscara de subred 255.255.255.0 se puede expresar como 130.7.7.10/24.

Esta notación es más compacta y más fácil de entender que la utilización de la máscara de subred.

Ejemplo de subred

Una organización ha asumido el número de red 197.3.7.0/24. Como la responsabilidad para definir las subredes es del administrador local, se comprobó que eran necesarias 6 subredes y que la mayor subred tendría 25 hosts.

Vamos a estudiar los siguientes pasos:

1. Definir la máscara de subred / Extended Prefix Lenght.

2. Definir cada número de subred.

3. Definir la dirección de host para cada subred.

4. Definir la dirección de broadcast para cada subred.

Definir la máscara de subred / Extended Prefix Lenght

El primer paso es determinar el número de bits que se necesita para definir 6 subredes. Si usamos dos bits podemos definir 4 subredes y si usamos 3 bits podemos definir 8 subredes, por lo que debemos utilizar 3 bits de definir las seis subredes, dos no se utilizarán y se reservarán para el crecimiento futuro.

Definir cada número de subred

Las ocho subredes serán numeradas de 0 a 7, se listan a continuación:

Red Básica 11000101.00000011.00000111.00000000

Subredes:
0 11000101.00000011.00000111.00000000 =197.3.7.0

1   11000101.00000011.00000111.00100000 = 197.3.7.16

2   11000101.00000011.00000111.01000000 = 197.3.7.32

3   11000101.00000011.00000111.01100000 = 197.3.7.48

4   11000101.00000011.00000111.10000000 = 197.3.7.64

5   11000101.00000011.00000111.10100000 = 197.3.7.80

6   11000101.00000011.00000111.11000000 = 197.3.7.96

7   11000101.00000011.00000111.11100000 = 197.3.7.108

Definir las direcciones de host para cada subred

El campo de número del host no puede contener sólo unos o ceros. Si todos fueran unos es la dirección de broadcast y si todos son ceros identifica la red básica (o subredes). En nuestro ejemplo tenemos 5 bits para número de host para cada una de las subredes, así que tenemos 30 direcciones de host. Las 32 posibles menos las dos especiales (todos ceros y todos unos)

Subred # 2 11000101.00000011.00000111.01000000

\# 1   11000101.00000011.00000111.01000001   = 197.3.7.65

\# 2   11000101.00000011.00000111.01000010   = 197.3.7.66

\# 3   11000101.00000011.00000111.01000011   = 197.3.7.67

\# 4   11000101.00000011.00000111.01000010   = 197.3.7.68

\# 5   11000101.00000011.00000111.01000011   = 197.3.7.69

\# 6   11000101.00000011.00000111.01000010   =

197.3.7.70

\# 7 11000101.00000011.00000111.01000011 = 197.3.7.71

\# 27 11000101.00000011.00000111.01011011 = 197.3.7.91

\# 28 11000101.00000011.00000111.01011100 = 197.3.7.92

\# 29 11000101.00000011.00000111.01011101 = 197.3.7.93

\# 30 11000101.00000011.00000111.01011110 = 197.3.7.94

Definir las direcciones de host para cada subred

La dirección de broadcast es establecida rellenando el campo de número de host con unos. Tenemos 7 subredes:

\# 0 11000101.00000011.00000111.00000000 = 197.3.7.31

\# 1 11000101.00000011.00000111.00000000 = 197.3.7.63

\# 2   11000101.00000011.00000111.00000000 = 197.3.7.95

\# 3   11000101.00000011.00000111.00000000 = 197.3.7.127

\# 4   11000101.00000011.00000111.00000000 = 197.3.7.159

\# 5   11000101.00000011.00000111.00000000 = 197.3.7.191

\# 6   11000101.00000011.00000111.00000000 = 197.3.7.223

\# 7   11000101.00000011.00000111.00000000 = 197.3.7.255

Tenga en cuenta que la dirección de broadcast de una subred #n es igual a la dirección base para la subred # n + 1 menos 1.

Sub-red	End. Base	End. Broadcast
0	197.3.7.0	197.3.7.31
1	197.3.7.32	197.3.7.63
2	197.3.7.64	197.3.7.95
3	197.3.7.96	197.3.7.127
4	197.3.7.128	197.3.7.159
5	197.3.7.160	197.3.7.191

| 6 | 197.3.7.192 | 197.3.7.223 |
| 7 | 197.3.7.224 | 197.3.7.255 |

RESUMEN

El TCP / IP es la pila de protocolos estándar para la comunicación entre los equipos incluidos en Internet.

Sólo cuenta con 4 capas: capa de Interfaz de Red, Internet, Transporte y Aplicación.

Define un sistema de direccionamiento de 4 bytes que se dividen en direcciones de red (Net Id) y dirección de host (Host Id). Comercialmente tenemos 3 clases:

- Clase A con el bit más a la izquierda igual a 0 con 7 bits para Net Id y 24 bits de Host Id.
- Clase B con los dos bits más a la izquierda igual a 10 con 14 bits para Net Id y 16 bits para Host Id.
- Clase C con los tres bits más a la izquierda igual a 110 con 21 bits para Net Id y 8 bits para Host Id.

La subred se creó para mejorar la asignación de direcciones IP, divide el Host Id en dos campos: subred y host, por lo que una empresa con una única dirección IP puede establecer varias subredes internas cuya estructura no es visible fuera de la empresa.

Para especificar el número de bits utilizados para la subred utilizamos la máscara de subred que es la dirección IP donde todos los bits del Net Id y de subred son unos.

También podemos utilizar la notación de Extend Network Prefix Lenght, colocando la dirección IP seguido del número de bits del Net Id y subred.

EDITORIAL

IT Campus Academy es una gran comunidad de profesionales con amplia experiencia en el sector informático, en sus diversos niveles como programación, redes, consultoría, ingeniería informática, consultoría empresarial, marketing online, redes sociales y más temáticas envueltas en las nuevas tecnologías.

En **IT Campus Academy** los diversos profesionales de esta comunidad publicitan los libros que publican en las diversas áreas sobre la tecnología informática.

IT Campus Academy se enorgullece en poder dar a conocer a todos los lectores y estudiantes de informática a nuestros prestigiosos profesionales, como en este caso **Jonathan Rivera**, experto en implementación de redes informáticas en multinacionales con más de 12 años de experiencia, que mediante sus obras literarias, podrán ayudar a nuestros lectores a mejorar profesionalmente en sus respectivas áreas del ámbito informático.

El Objetivo Principal de **IT Campus Academy** es promover el conocimiento entre los profesionales de las nuevas tecnologías al precio más reducido del mercado.

ACERCA DEL AUTOR

Jonathan Rivera Darín es formador sobre ingeniería informática y redes informáticas desde el año 2001. Con más de 12 de experiencia como administrador de redes informáticas en multinacionales ha decidido dar un salto hacia el mundo de la formación de jóvenes desempleados para lograr la integración de los jóvenes en el Mercado laboral de las telecomunicaciones.

Esperamos que con este libro haya podido consolidar sus conceptos sobre las redes informáticas.

Muchas gracias